AF319179

Supplément au Réveil National de Dreux
du 16 Avril 1898

LE

MANUEL

DE

L'ÉLECTEUR

PAR

UN RÉPUBLICAIN

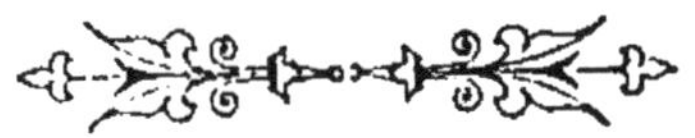

DREUX
IMPRIMERIE DU RÉVEIL. — A. TILLIER
40, RUE SAINT-MARTIN, 40

LE MANUEL

DE

L'ÉLECTEUR

Jean. — Eh bien, mon vieux Gaspard, c'est dans quelques jours la grande bataille. Je crois qu'on votera dru cette fois-ci.

Gaspard. — Ça ne fera ni chaud ni froid ; pour la besogne qu'ils fichent à la Chambre !

Jean. — Le fait est qu'il n'y a pas eu gras de réformes, mais à qui la faute ?

Gaspard. — C'est la faute aux Radicaux. Ce sont eux qui, par leurs interpellations, ont empêché le Gouvernement de faire voter de bonnes lois.

Jean. — Tu veux rire, Gaspard. C'est la majorité qui vote les lois ; eh bien, le gouvernement possédait cette majorité, pourquoi ne s'en est-il pas servi ? Il n'avait qu'à parler, on l'aurait écouté et suivi.

Gaspard. — La majorité ! La majorité ! mais ce n'est pas si facile à manier que cela. Ils ne sont pas toujours d'accord les majoritards !

Jean. — Parbleu, parceque la majorité ministérielle est composée d'éléments contraires : On y compte des Républicains modérés, des Ralliés et des Réactionnaires, et ces gens là ne peuvent évidemment penser de même.

Gaspard. — Tu vois bien !

Jean. — C'est une majorité qui ne peut être d'accord que pour repousser les réformes, et qui est incapable d'en créer une. Elle a bien montré du reste son impuissance.

Gaspard. — Soit — Mais elle a combattu les doctrines mauvaises, le Radicalisme qui voudrait tout bouleverser, et qui amènerait la révolution violente : Ainsi l'impôt sur le revenu.

L'impôt sur le Revenu

Jean. — Mon pauvre Gaspard, tu crois alors qu'en repoussant l'impôt sur le revenu, la majorité a fait œuvre utile — Tu trouves donc que l'impôt actuel tes juste et bien réparti. Tu sais cependant bien ce que tu paies.

Gaspard. — Ah ! fichtre oui, je le sais, et ma poche aussi le sait. Nous autres, petits cultivateurs, nous donnons à l'impôt le quart du revenu de nos terres et des terres, qui ne produisent plus rien, paient autant que nos plus fertiles labours.

Jean. — Et sais-tu ce qu'un gros capitaliste, qui possède des actions, des obligations, des titres de rente donne, lui : quatre pour cent ou rien du tout pour les revenus de ses chiffons de papier qui dorment dans sa caisse.

Gaspard. — Ça, c'est injuste de faire tout supporter aux travailleurs et presque rien aux oisifs.

Jean. — Et les impôts indirets, les impôts de consommation ? Plus on a de charges de famille, moins on devrait payer d'impôts, n'est-ce pas ?

Et c'est le contraire qui a lieu. On paie les mêmes droits, c'est à dire le même impôt, pour une pièce de vin de soixante francs que pour une de trois cents francs; et ce sont les ménages les plus chargés d'enfants, et par conséquent les ménages de paysans et d'ouvriers, qui paient le plus.

Gaspard. — C'est vrai ce que tu dis, et l'on paie pour tous les objets de première nécessité, pour le sucre, pour le café, pour le vin, pour les allumettes, pour le sel, pour tout, quoi —Et c'est pas du luxe cependant ces choses là, c'est indispensable à la vie.

Jean. — Oui, et il y a cent ans que ça

dure ainsi : les pauvres sont écrasés sous les charges trop lourdes et injustes, et les riches sont épargnés dans une trop large mesure. Ces impôts de consommation, c'est abominable. C'est pourquoi nos pères de la première République, qui n'étaient point des bêtes, les avaient condamnés, et en avaient décrété la suppression.

Gaspard. — C'étaient des hommes ceux là, et il faudrait en retrouver la graine.

Jean. — Le suffrage universel n'a qu'à bien chercher et à bien choisir. — Tu reconnais donc que notre système actuel d'impôts est mauvais, et qu'il faut le changer carrément.

Gaspard. — Ça, oui. Il est temps que ceux qui ont le superflu paient pour ceux qui n'ont que le nécessaire.

Jean. — Eh bien, c'est ce que les Républicains démocratiques ont tenté de faire avec l'impôt sur le revenu, qui supprimait la cote personnelle mobilière et l'impôt des portes et fenêtres, deux impôts injustes, et le dernier frappant, comme au moyen âge, la lumière et l'air que l'on respire ; et puis, tu sais mon vieux Gaspard, tu n'aurais pas payé un sou d'impôt sur le revenu.

Gaspard. — Comment cela ? on disait au contraire que l'impôt sur le revenu atteindrait surtout le salaire du travailleur.

Jean. — C'est un mensonge, car tous les citoyens qui ne jouiraient pas d'un revenu net de 2.500 fr. par an ne paieraient pas d'impôts sur le revenu. Et nous sommes comme cela un tas, plus de sept millions de contribuables, dont cinq millions et demi environ de petits cultivateurs.

Gaspard. — Eh, bien, qui paierait alors ? car si on dégrève les uns, il faut trouver de l'argent ailleurs, et on sera forcé de surcharger d'autres contribuables.

Jean. — Parfaitement. Ce sont ceux qui possèdent qui paieront pour ceux qui n'ont rien. N'est-ce pas juste? Il y aura ainsi environ trois cent mille privilégiés de la fortune qui paieront, suivant leurs revenus, deux fois, trois fois et quatre fois plus à l'impôt qu'ils ne paient dans le système actuel. — Ceux-là seuls seront atteints, mais équitablement — et on aura appliqué le véritable principe proclamé par la Révolution qui disait : chaque citoyen doit contribuer aux charges publiques conformément à ses ressources. Pour être tout à fait juste, il faudra que l'impôt soit progressif, c'est-à-dire gradué.

Gaspard. — Ah! La progression, c'est un des reproches qu'on adresse à l'impôt sur le revenu.

Jean. — Bien à tort. Je vais prendre des exemples : Voici un paysan qui gagne cent sous par jour, un bourgeois qui se fait 20 fr. de revenu par jour et un rentier qui a cent francs à dépenser par jour également. Si on leur appliquait l'impôt proportionnel : Le paysan paierait, au taux de un pour cent, un sou par jour d'impôt, le bourgeois 4 sous, et le rentier vingt sous. Eh bien il est plus équitable que le paysan ne paie pas du tout, c'est-à-dire qu'il soit dégrevé de 18 fr. par an, que le bourgeois paie ses quatre sous, et que le rentier paie trois fois plus, c'est-à-dire trois francs. — C'est là l'impôt gradué ou progressif — Et c'est précisément l'application de ce système aux riches qui permet de dégrever les pauvres.

Gaspard. — Je comprends, mais si l'on tire de cette manière sur les riches, il feront passer leur argent à l'étranger C'est ce qu'on a dit, et alors, la terre qui ne peut pas, elle, passer la frontière, supporterait tout le poids de l'impôt sur le revenu.

Jean. — C'est une plaisanterie, mon vieux Gaspard ; les capitaux se garderont bien d'aller se promener de l'autre côté de la frontière, car dans tous les pays qui nous entourent, en Angleterre, en Suisse, en Belgique, en Allemagne, en Italie, etc.

là précisément l'impôt sur le revenu existe et fonctionne régulièrement. Les monarchies, plus libérales que notre République réactionnaire, n'ont pas hésité à adopter cette réforme.

Gaspard. — Oui, mais on dit que l'impôt sur le revenu est vexatoire et inquisitorial. Nous serions tenus de faire un tas de déclarations; on raconte même qu'il nous faudrait dire au percepteur combien nous avons de lapins, de canards et d'œufs pondus.

Moi, je ne veux pas que le gouvernement vienne fourrer son nez dans mes affaires.

Jean. — La déclaration, dont tu parles, n'est obligatoire que pour les trois cent mille richards qui paieront un peu plus — mais ce n'est pas là un mode nouveau et exorbitant — Est-ce que la déclaration n'est pas de règle en matière de successions? Est-ce qu'il ne sera pas possible de vérifier du reste, sans vexations aucunes, le dire du riche contribuable?

Nos commissions de répartiteurs ne sont elles pas de véritables commissions de vérification? Quant aux sept millions de citoyens, dont le revenu est inférieur à deux mille cinq cents francs, il ne serait rien exigé d'eux, ils n'auraient à subir aucun exercice, aucun contrôle, aucune enquête, puisqu'ils ne paieraient pas un sou de l'impôt sur le revenu. Il n'y aurait donc de nouveau que ce fait d'une répartition plus équitable des charges publiques, les pauvres gens étant soulagés, et les riches payant enfin leur quote part.

Gaspard. — Pourquoi des Républicains n'ont ils pas voté alors une réforme qui paraît aussi juste ?

Jean. — C'est parceque ces républicains sont les prisonniers de la Réaction à laquelle ils donnent chaque jour des preuves de leur asservissement. Il fallait ménager la riche clientèle réactionnaire que l'impôt sur le revenu aurait frappée dans des proportions sérieuses. Voilà pourquoi ils ont voté contre cette loi de justice et contre cette réforme démocratique. Aujourd'hui ils cherchent à expliquer leur attitude.

Ils disent qu'ils accepteraient à la rigueur le principe d'un impôt sur les revenus (sans doute parce qu'ils pourraient ainsi mettre certains revenus privilégiés à l'abri de l'impôt) mais qu'ils considèrent la formule comme inapplicable, et qu'ils ne veulent ni de la déclaration, ni de la progression.

Gaspard. — Et cependant ils ont adopté la progression pour l'impôt des successions. Ça manque de logique.

Jean, — Tu l'as dit. Et puis, est-ce qu'il

y a une loi quelconque, une réforme quelconque qui, a côté d'avantages réels, ne présente pas d'inconvénients. Ce qu'il importe, c'est que la somme des avantages soit supérieure à celle des inconvénients, et c'est le cas du projet d'impôt sur le revenu. Aussi je ne voterai que pour un candidat qui prendra l'engagement de défendre cette réforme de l'impôt et qui sera capable de le faire.

Gaspard. — Eh bien moi aussi, Jean ; tu m'as convaincu, j'ai compris, je marcherai comme toi, et j'en parlerai aux camarades.

La Crise agricole

Jean. — Vois-tu, Gaspard, cette réforme de l'impôt est non seulement importante par elle-même, mais c'est aussi la clef de toutes les autres réformes. Notre regretté député, Louis Terrier, un des auteurs du projet, avait proclamé cette vérité éloquemment. Elle peut nous donner le moyen de remédier, dans une large mesure, à la crise agricole que nous subissons.

Gaspard. — Les droits protecteurs ne nous ont pas, en effet, suffisamment protégés. Ce sont les gros intermédiaires, c'est la spéculation et la spéculation cosmopile qui a empoché le plus clair des bénéfices, et nous sommes aussi pauvres.

Jean. — Aussi faut-il trouver, tout en maintenant les droits protecteurs, des mesures complémentaires pour nous venir en aide.

Eh bien, l'agriculture donne des millions et des millions à l'impôt. Le travail, sous toutes ses formes, est écrasé par l'impôt, et surtout le travail de la terre. Il est temps que ces millions, au lieu d'être payés par les travailleurs, soient payés par les oisifs : en un mot, il faut que les impôts, et notamment l'impôt foncier qui pèse si lourdement sur nous, soient supprimés et remplacés par un impôt sur le capital et sur le revenu. Il faut dégrever le travail et demander plus à la Richesse acquise, comme le proclamait M. Casimir Perrier dans son message au Parlement, à son élection à la présidence de la République.

Gaspard. — L'agriculture pourrait ainsi respirer.

Jean. — Et nous ne pensons pas qu'à nous seuls. Avec cette réforme de l'impôt, en imposant précisément la richesse acquise et les capitaux de spéculation, il sera possible de soulager les travailleurs de tout ordre, par la suppression de l'impôt des prestations, de tous les impôts de consommation qui n'ont pas, comme l'impôt sur le tabac, un caractère facultatif, mais qui pèsent au contraire sur les nécessités de la vie; par la suppression des taxes d'Octroi, des patentes et de tous les impôts, vexatoires ceux-là, qui gênent l'activité commerciale et industrielle du pays dans ses moindres manifestations. On aura ainsi résolu le problème de la juste répartition des charges publiques.

Gaspard. — Ce serait une belle et grande réforme, mais il faut pouvoir la réaliser.

Jean. — Ça dépend de nous, ça dépend des électeurs. Le Suffrage Universel n'a qu'à parler énergiquement — Et puis, ce n'est pas tout : cette réforme de l'impôt qui va prendre, légalement bien entendu, l'argent là où il est, permettra non seulement la suppression des impôts mauvais et injustes, mais aussi de créer des institutions nécessaires, et de résoudre les questions sociales qui ne peuvent être réalisées qu'avec de l'argent pris au budget : Ainsi le Crédit agricole et industriel, qui est un des outils indispensables au travailleur.

La Loi scolaire

Gaspard. — Ah ! il y a rudement de choses à faire — Et au train dont ça marche, nous ne verrons pas de sitôt ces belles réformes.

Jean. — Il serait injuste de prétendre qu'on n'a rien fait. La République a consenti de grands sacrifices pour l'instruction et pour l'armée.

La loi scolaire et la loi militaire sont l'honneur du parti républicain — Les Républicains ont produit quelque chose parce qu'ils étaient unis, et si ces quatre dernières années de législature ont été stériles, c'est que les Républicains se sont laissés entamer par les manœuvres et par les intrigues de la Réaction.

Tu comprends bien, Gaspard, qu'il n'est pas possible de réaliser des réformes démocratiques en s'appuyant sur des éléments réactionnaires.

Gaspard. — Aussi difficile que de faire une omelette sans œufs. Et cependant, malgré les écoles nombreuses, malgré le dévouement de nos instituteurs, l'instruction à tous les dégrés n'est pas encore accessible aux enfants des pauvres gens.

Jean. — Oui — et c'est une lacune à combler — Il faut qu'un enfant du peuple soit mis à même, s'il le mérite par son intelligence et par l'instruction que la République aura placée à sa portée, d'arriver au sommet de la hiérarchie sociale et de devenir le chef de notre Démocratie. Il faut cultiver les intelligences comme les champs, et n'en laisser aucune en friche. C'est le maître d'école allemand qui nous à battus en 1870.

Parbleu, nous ne voulons pas faire de tous nos enfants des savants ; mais, si dans le moindre village il est un fils d'ouvrier ou de paysan capable de recevoir l'instruction supérieure, la République doit lui donner cette instruction, après aptitude constatée ;

Gaspard. — C'est vrai, l'instruction, c'est le pain de l'esprit. Tout le monde doit manger à sa faim. Et qui sait ? c'est peut-être cet enfant qui illustrera un jour son pays comme savant, ou, qui, comme général, pourra sauver la Patrie.

Jean. — Donc, les Républicains démocratiques ont raison de vouloir remplacer le système limité des bourses de faveur, qui règlent l'instruction supérieure, par le *droit* à l'instruction à tous les degrés. La loi scolaire sera ainsi heureusement complétée.

Gaspard. — Oui, on saura lire et on saura penser. Mais il est indispensable que nos instituteurs demeurent indépendants.

Jean. — Chacun à son poste : L'instituteur dans son école, le curé dans son église. Le ministère ne voulait-il pas permettre au curé de venir enseigner le catéchisme dans les locaux scolaires, sous prétexte d'hygiène. C'eût été une concession dangereuse. Car nous connaissons les gens de ce parti, quand on leur laisse prendre un pied chez soi, ils en ont bientôt pris quatre.

Gaspard. — Ils sont tenaces, et si les Républicains cèdent, nous sommes fichus. Nous ne voulons persécuter personne, mais nous tenons à être les maîtres chez nous ; la République a garanti l'indépendance de l'instituteur, elle aura à cœur de maintenir cette liberté et ce droit.

Jean. — Les conservateurs disent bien haut qu'ils entendent modifier la loi scolaire et la loi militaire. Les Républicains qui se prêteraient à ces combinaisons seraient simplement des traîtres. Nous ouvrirons l'œil.

Le service de Deux ans

Gaspard. — Tout le monde sachant lire, tout le monde soldat, de privilèges pour personne.

Jean. — Tu parles bien, Gaspard. Tout le monde paie, en effet, l'impôt du sang, mais pas dans les mêmes proportions. Ce sont les travailleurs, c'est nous, qui, là comme dans l'impôt d'argent, supportons la plus lourde charge. Les fils de la Bourgeoisie ne font qu'une année de service, et nos enfants à nous restent trois ans sous les drapeaux. Que tous les jeunes gens fassent deux années de service, sans aucune exception pour personne.

Gaspard. — Il y a des gens qui prétendent qu'on ne peut faire un soldat en deux années, et que cette réforme, par suite, compromettrait la défense nationale.

Jean. — Si ces gens disaient vrai, elle serait gravement compromise la défense nationale puisque plus de la moitié des soldats ne font actuellement qu'une année de service — Est-ce que l'Allemagne, du reste, n'a pas adopté le service de deux ans. L'armée, au contraire, serait plus forte, composée en plus grand nombre qu'elle serait de soldats ayant tous reçu une instruction militaire complète.

Gaspard. — Et les sous-officiers ?

Jean. — On constituerait un corps de sous-officiers permanent comme il y a un corps d'officiers. Cela est indispensable avec le recrutement moderne des armées nationales. Quand il y a une expédition coloniale, c'est toujours parmi nous autres qu'on prend ceux qui vont se faire tuer. (Rappelle toi le Tonkin, le Dahomey et Madagascar), et les fils de bourgeois, qui ne font qu'une année, sont tranquillement laissés en France. En somme, c'est sur nous que frappe l'impôt du sang. Nous voulons l'égalité.

Gaspard. — Et l'agriculture qui manque

d'ouvriers, avec le service de deux ans, bénéficierait d'une année de travail.

Jean. — La Réforme est mûre, elle se fera comme les autres, si nous avons l'énergie de l'imposer. Les conséquences en seront heureuses au point de vue de la force de l'armée comme au point de vue du travail national. C'est encore là une loi d'égalité et de justice.

La Retraite pour les travailleurs. — Réforme administrative.

Gaspard. — Toutes ces mesures soulageront évidemment le travailleur. Il a droit à la vie comme les heureux du jour, n'est-ce pas ? Il ne demande qu'à payer son du, mais non à payer pour les privilégiés de la fortune.

Jean. — Les impôts diminués, l'instruction accessible aux pauvres, le crédit agricole et industriel constitué, tout cela armera le travailleur pour le combat de la vie — La République lui devra encore la retraite.

Gaspard. — La retraite ?

Jean. — Oui, il faut garantir le travailleur contre le chômage, contre les accidents et contre la vieillesse — Et je dis que la Société qu'il a enrichie de son labeur (car la richesse des uns est faite du travail de tous) lui doit le pain de ses vieux jours à ce bon serviteur qui a été défendre cette patrie, dont souvent il ne possède pas un morceau.

Gaspard. — Mais avec quoi constituera-t-on cette retraite ?

Jean. — On trouvera les ressources nécessaires dans la réforme de l'impôt. C'est l'impôt sur le capital et sur le revenu qui paiera en partie les frais de cette réforme. C'est également lui qui permettra d'améliorer la situation des petits fonctionnaires, cantonniers, facteurs, ouvriers de chemins de fer, instituteurs etc., qui, pour un maigre salaire, rendent tant de services à la République.

Gaspard. — Il faudra beaucoup d'argent.

Jean. — Sois tranquille, Gaspard, on en trouvera. Les riches n'auront qu'à donner un peu de leur superflu, et ça ira comme sur des roulettes. Et puis on réalisera, si on le veut bien, des économies sérieuses dans les grandes administrations publiques.

Gaspard. — Ah ! oui, c'est la dedans qu'on devrait sabrer.

Jean. — Les gros émoluments à diminuer ; les emplois inutiles et par suite dangereux à supprimer. La République a eu le tort d'accepter bonnement le vieux système administratif du passé — Elle aurait du constituer, au contraire, une administration simplifiée, faite pour aider le travailleur et le commerçant au lieu d'entraver leur initiative, conforme à l'idée républicaine, car à un régime nouveau il faut non seulement des hommes nouveaux mais aussi des institutions nouvelles — et alors, au budget de la monarchie est venue s'ajouter un budget spécial à la République, et les dépenses ont de ce fait augmenté d'une centaine de millions depuis vingt cinq ans. Pour réaliser des économies, il y a lieu de faire un budget républicain, et de constituer une administration républicaine.

Gaspard. — Il y a trop de fonctionnaires, et les petits ne pas sont suffisamment rétribués.

Jean. — Il est nécessaire de décentraliser nos administrations, et de les simplifier. Il y a trop de paperasseries, et la nation se meurt de bureaucratie.

Gaspard. — Voilà encore une réforme, la réforme administrative, qui ne sera pas opérée de sitôt, car elle touche à tant d'intérêts particuliers.

La Révision de la Constitution

Jean. — Pour aboutir, Gaspard, il faut que la Chambre prochaine possède une majorité de réformes, une majorité démocratique, et que le Sénat, au lieu d'être, comme il l'a été trop souvent, un obstacle au progrès, devienne le collaborateur fidèle de la Chambre des députés.

Gaspard. — Le Sénat a rendu des services à la République.

Jean. — Ce n'est pas les sénateurs répullicains que l'on blâme, mais la Constitution réactionnaire de 1875. — Celle-là est à réviser. Dans un régime de démocratie et d'opinion publique, le peuple doit être le seul souverain. Le Suffrage Universel doit toujours avoir le dernier mot.

Gaspard. — Mais si l'on nomme le Sénat au Suffrage Universel comme la Chambre, les deux assemblées se ressembleront, et comment pourront-elles, dans ces conditions, avoir logiquement des pouvoirs différents ?

Jean. — Les Sénateurs seraient nommés au scrutin de liste par département, et par le Suffrage Universel au deuxième degré, le nombre des électeurs du second degré devant être proportionnel, dans chaque commune, au chiffre des électeurs, et personne ne pouvant être électeur sénatorial de droit.

Gaspard. — Et les attributions ?

Jean. — Le Sénat a le droit de dissolution. Il sera juste de réserver à la

Chambre, issue directement du Suffrage Universel, le droit du budgétaire, et de lui laisser le dernier mot en matière financière, puisqu'elle représente directement les dix millions de contribuables de France.

Gaspard. — Voilà un beau programme, Jean. Réforme générale de l'impôt ; réforme administrative ; l'instruction accessible à tous et à tous les degrés ; l'égalité du service militaire ; la retraite pour les vieux travailleurs ; la crise agricole conjurée ; le travail dégrevé, et une Constitution vraiement républicaine ; c'est-à-dire la République, la vraie, avec toutes ses lois de liberté, de justice et d'égalité. Tous les Républicains devraient, comme autrefois pour la défense de la République, s'unir en vue de son organisation démocratique.

Les Ralliés

Jean. — Les Réactionnaires ont été habiles, et ils ont coupé le parti républicain en deux, en faisant croire aux politiciens naïfs qu'ils se ralliaient à la République. Ils se rallient aux emplois que la République peut leur donner, ce n'est pas la même chose.

Gaspard. — On n'a pas le droit de fermer la porte de la République aux repentirs sincères.

Jean. — Non, mais que les nouveaux venus prennent leur rang à la suite des vieux Républicains qui ont fait leurs preuves. Ces messieurs, appelaient autrefois la République la Gueuse et voulaient l'étrangler. Ils n'ont pas à commander en maîtres dans la maison qu'ils ont méconnue et insultée. Qu'ils fassent leur stage, qu'ils nous persuadent, par des actes, de leur dévouement ; en attendant, ne leur confions pas les clefs de la citadelle.

C'est aux Républicains de la veille, et aux Républicains seuls, qu'il convient, par droit de naissance et par droit de conquête, de confier le service et la garde de la République. Il ne suffit pas, du reste, de se dire républicain, il faut avant tout indiquer le programme que l'on compte suivre pour servir l'idée républicaine. C'est là que nous les attendons eux et leurs amis.

Gaspard. — La République, en effet, n'est pas seulement un mot, c'est un ensemble de principes et d'idées.

Jean. — C'est la réalisation par les lois de la grande devise de liberté, d'égalité et de fraternité.

Gaspard. — Alors tu te méfies de la politique des Ralliés.

Jean. — Je la jugerai à l'œuvre, Au

fond, c'est l'Eglise qui mène la combinaison, et si nous ne nous unissons pas étroitement, si nous ne luttons pas, comme au Seize Mai, pour le vieux drapeau républicain, on nous mijotera une bonne petite République cléricale et réactionnaire qui ne sera plus même la meilleure des Monarchies. Pourquoi les Conservateurs n'ont-ils pas de candidat ? Qu'est-ce que cette hypocrisie ? Qu'ils sortent leur programme et leur drapeau de leur poche. La situation est équivoque, et il faut que le suffrage universel, par un vote énergique et loyal, mette les choses au point.

La loyauté du vote. — Le devoir des Républicains

Gaspard. — Tu as raison. Tout cela est louche, et je ne comprends pas que des républicains mettent leur main dans la main des anciens adversaires de la République, et qu'ils sollicitent, de façon plus ou moins directe, leurs suffrages.

Pour quelle besogne ? C'est une trahison.

Jean. — Ils disent que c'est pour résister au mouvement social, comme si le progrès pouvait être arrêté et n'était pas éternel. Ne vaut-il pas mieux se mettre à

la tête de ce mouvement, aussi juste qu'ir-
résistible, pour le régler et le faire aboutir pacifiquement? c'est là qu'est le devoir.
Au surplus ce n'est qu'un prétexte. La
véritable cause de cette politique, c'est la
main mise de l'Eglise et du pape sur les
affaires intérieures de notre pays.

Gaspard. — Moi je ne suis pas pour les
persécutions. Le droit commun pour tous,
mais je trouve raide que la République
donne soixante millions par an au clergé
pour être combattue sans trêve et sans
merci par lui.

Si ces messieurs continuent, ils se
feront rogner leur subvention. Et qui
voudra la messe la paiera alors.

Jean. — Nous sommes pour la liberté
de conscience — Nous sommes pour le
respect de toutes les croyances ; mais,
puisqu'on interdit a l'instituteur de mon-
trer ses opinions républicaines, nous
entendons que le curé n'étale pas ses
opinions réactionnaires, et il ne nous
convient pas qu'il combatte ouvertement
les institutions démocratiques — et la
République qui le paye ; que les congré-
gations commencent à acquitter leur quote-
part d'impôt comme les pauvres diables ;
nous ne voulons tracasser ni inquiéter
personne, mais nous n'admettrons pas
non plus de privilège pour qui que ce soit,
et nous veillerons à ce que les droits su-

périeurs de l'Etat laïque soient toujours respectés.

Gaspard. — Moi, je suis fixé, Jean, je verrai pour qui les Réactionnaires voteront et je voterai de l'autre côté. Ce sera le bon — Je ne veux pas mêler mon bulletin aux bulletins des anciens adversaires de la République. — Je veux le progrès, les réformes utiles et sérieuses ; un peu plus d'égalité, un peu plus de justice ; la fraternité viendra après tout cela d'elle-même.

Jean. — Bravo, mon vieux Gaspard. — Tu as compris, tu es persuadé et je sais que tu te montreras énergique. — Oui, nous voterons, et les vrais démocrates avec nous, pour la politique des réformes et pour la République des républicains.

Gaspard. — Vive la République ! et allons prendre *un demi*, comme dit le député de chez nous.

Jean. — J'avais voté pour lui sur la promesse qu'il nous avait faite de suivre le programme et la politique de Terrier. — J'ai été refait. On ne m'y reprendra plus.

Gaspard. — Ni moi.

Jean. — Il peut saluer nos votes, il ne les reverra plus; qu'ils gardent ceux des Réactionnaires, et que cela lui tienne chaud.

Un Républicain.

Congrès Républicain Démocratique

Séance du 3 Avril 1898

La séance est ouverte à 2 heures 1/2 sous la présidence de MM. Renard conseiller général, Peuret conseiller général et Beillard conseiller d'arrondissement assesseurs, — et des présidents des comités de chaque canton.

M. Troyon, secrétaire.

Il est procédé à l'élection du comité électoral ;

Président ;
M. Ch. Renard, conseiller général du canton de Brezolles, maire de St-Lubin-des-Joncherets.

Vice-Présidents

MM.

Peuret, conseiller général, maire de Senonches.

Bonnet, conseiller d'arrondissement ; maire de Dreux.

Boisanfray, conseiller d'arrondissement; conseiller municipal de Dreux.

Lenormand, conseiller d'arrondissement; maire du Tremblay-le-Vicomte.

Thierrée, ancien conseiller général.

Oscar Benoist, agriculteur, conseiller municipal de Boutigny.

Membres : Les présidents et vice-présidents des comités républicains démocraques de chaque canton.

MM.

Lefèvre, adjoint au maire de Dreux.
Rollin, ancien adjoint au maire de Boncourt.
Loiseau, maire de Bù.
Gébert, cultivateur au Harengères conseiller municipal de Rueil-la-Gadelière.
Marmion, conseiller municipal de St-Rémy-sur-Avre.
Guiard, maire de Gatelles.
Cochard, adjoint au maire du Tremblay-le-Vicomte.
Radigue, cultivateur, maire de Lamblore.
Mary, conseiller municipal de Morvilliers.
Touchet, maire de St-Martin-de-Nigelles.
Durier, maire de Prouais.
Portois, adjoint au maire de Chaudon.
Gillard, à Senonches.
Hatey, cultivateur, maire de Jaudrais.

Il est ensuite donné lecture du programme arrêté par les bureaux des sept comités :

1° Réforme générale de l'impôt : Impôt gradué sur le capital et sur le revenu, Impôt gradué sur les successions.

Cette réforme générale de l'impôt, préface de toutes les grandes questions sociales, permettra la suppression des patentes, des prestations, de l'impôt foncier, de la cote personnelle, de l'impôt des portes et fenêtres et de tous les impôts de consommation qui pèsent si lourdement sur la vie du travailleur et lui prennent jusqu'au quart de son salaire.

Elle entraînera la suppression des octrois dont les taxes seront remplacées par des centimes additionnels au principal de l'impôt sur le capital et sur le revenu.

2° Décentralisation administrative. — Les grandes administrations simplifiés. — Moins de paperasserie. — Réduction des gros traitements. — Les petits fonctionnaires mieux rétribués.

3° Liberté de Conscience. — Liberté des cultes. — Loi préparatoire sur la liberté d'association pour aboutir au réglement de la question de la séparation des églises et de l'Etat.

4° Réduction des frais de Justice. — Les délits de gibier réglés par l'arbitrage obligatoire sur sentence du juge de paix, sans appel ni recours en cassation. Les faits de chasse sur le terrain d'autrui soumis à la juridiction du juge de paix.

5° Egalité du service militaire. — Sa réduction à deux ans sans aucune exception.

6° Instruction supérieure accessible à tous par voie de concours après aptitudes constatées.

7° Maintien des droits d'entrée. — Pour remédier à la crise agricole, réduction des charges qui écrasent l'agriculture — Organisation du crédit agricole et industriel.

8° Retraite pour les travailleurs. — Lois protectrices contre le chômage, les accidents et la vieillesse.

9° Révision de la Constitution réactionnaire de 1875 dans un sens démocratique et assurant la suprématie du seul souverain, le Suffrage universel.

Interdiction du cumul des fonctions. électives pour les Députés et les Sénateurs

10° Le député sera tenu de rendre compte de son mandat, dans chaque chef-lieu de canton une fois par an.

Ce programme est acclamé par la réunion.

* * *

Il est procédé à l'audition des candidatures.

M. Maujan dit qu'il accepte dans son intégralité le programme des comités républicains démocratiques, et qu'il prend l'engagement d'honneur de le défendre.

Il rappelle les principaux faits de sa vie politique; comment il a dû briser volontairement sa carrière militaire pour avoir fidèlement servi l'Idée Républicaine, comment il a défendu la Démocratie dans les deux journaux fondés par lui, la *France Libre* et *Germinal*, indépendants de toute attache financière et où il a dépensé la moitié de sa fortune personnelle au service du peuple.

Il repousse avec indignation les calomnies colportées dans la circonscription par ses adversaires.

Il dit qu'il est toujours resté étranger aux affaires de spéculation, et que s'il a accepté, libre de tout mandat politique, la présidence de la société d'études du Canal des deux mers (après les présidents Duclerc ancien président du conseil, l'amiral Planche et le général Munier grand officier de la Légion d'honneur) c'est que son père, comme ingénieur, avait été un des premiers promoteurs d'une œuvre qui intéresse à un haut degré la défense nationale. Il n'a au surplus conservé aucun intérêt matériel dans la société d'études à laquelle il cède en toute propriété ses actions et parts de fondateur lui appartenant, et dont le conseil d'administration, après approbation de ses faits et actes, a rendu hommage à son absolu désintéressement. Ces déclarations sont appuyées de pièces justificatives lues à l'Assemblée qui vote à M. Maujan, à l'unanimité, un ordre du jour d'approbation, d'estime et de confiance.

Il est procédé ensuite au dépouillement du vote sur le choix du candidat. A l'unanimité des 530 votants M. Maujan est proclamé candidat des comités républicains démocratiques de l'arrondissement de Dreux pour les élections législatives prochaines.

Le Président, CH. RENARD

Les Assesseurs : PEURET, BEILLARD

Le secrétaire, TROYON

Imp. du Réveil. — A. TILLIER, Dreux

www.ingramcontent.com/pod-product-compliance
Ingram Content Group UK Ltd.
Pitfield, Milton Keynes, MK11 3LW, UK
UKHW021026120726

13693UKWH00005B/2219